ADRESSE

AUX FRANCOIS,

CONTRE la Société des Amis des Noirs.

PAR M. DUTRÔNE LA COUTURE, Docteur en Médecine, Auteur d'un ouvrage qui a pour titre : Précis sur la Canne & sur les moyens d'en extraire le Sucre, &c, &c.

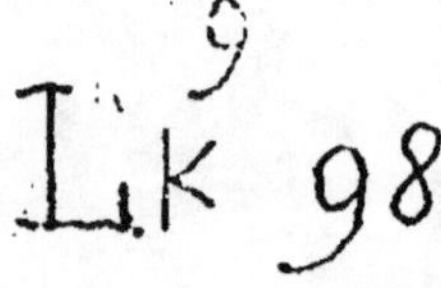

AVIS
DE L'ÉDITEUR.

Cette Adreſſe eſt pour ſervir de ſuite aux vues générales ſur l'importance du Commerce des Colonies, ſur le caractère du Peuple qui les cultive & ſur les moyens de faire la Conſtitution qui leur convient.

ADRESSE

AUX FRANÇOIS,

CONTRE la Société des amis des Noirs.

PAR M. DUTRÔNE LA COUTURE, Docteur en Médecine.

Après trois siècles de guerres & de combats, après trois siècles de travaux inouis, les Européens commençoient à jouir en paix de la conquête du nouveau monde.

Réunis aux peuples d'Afrique, ils fertilisoient de leurs sueurs les champs jadis incultes & baignés du sang de plusieurs millions d'hommes.

Une vie laborieuse & domestique effaçoit de leur souvenir ces scènes horribles, ensanglantées par leurs ayeux. Depuis long-tems le besoin, l'amour, l'humanité (ces trois puissances qui égalent tout) unissoient entr'eux sur une terre étrangère, des hommes que la nature sembloit avoir elle-même séparés pour jamais. Confondus & réunis par les sentimens les plus chers, déjà

l'espace qui les séparoit n'étoit plus guère sen-
sible qu'à leurs yeux & commençoit même
à leur échapper. Leur société en présentant tous
les âges de l'homme, offroit le tableau de cette
vie patriarchale dans laquelle on reporte le bonheur de l'âge d'or, qui n'exista peut-être jamais
& qu'on trouve aujourd'hui dans quelques plaines
du nouveau monde.

Le Nègre mille fois plus fortuné que le
Paysan de nos campagnes, libre de toute inquiétude, vivoit tranquille auprès des Blancs chargés
de veiller sans cesse à tous ses besoins. Il étoit
heureux, s'il est possible que l'homme soit heureux. Il l'étoit sur-tout par le génie, par le
caractère, par l'humeur douce & facile des
François qui de tous les Européens, ont mis
dans leur société avec l'Afriquain le plus de
dignité, d'humanité & de justice.

Cette société de deux races qui présentent
les deux extrémités de l'espèce humaine dans
un mélange, dans une union dont le tableau
offre aux yeux du véritable philosophe une variété
infinie de couleurs, de nuances physiques &
morales que l'esprit ne peut saisir & que l'ima-
gination même a peine à concevoir ; cette société
dis-je formée d'abord par le besoin, unie main-
tenant par tous les sentimens, par tous les

(5)

intérêts, étoit pour la France, depuis quelques
années, la source d'un commerce immense qui
fait seul, aujourd'hui, la richesse & la puissance
de cet Empire.

Cette société fondée seulement sur la véné-
ration sacrée qu'inspire la grandeur & les bienfaits du Blanc, étoit l'image la plus vraie du
bonheur dont l'homme puisse jouir sur la terre.

Semblable au père de famille chéri de ses
enfans, le Blanc dormoit profondément au milieu
de ses Nègres armés. Lui seul, sans verrouils,
sans armes, étoit gardé par le respect, par
l'amour & la reconnoissance. Eh bien ! cette société, qui mieux connue feroit l'admiration du
sage, est peut-être, dans ce moment, dissoute
pour jamais. Des méchans ont conjuré sa perte ;
des hommes qui se disent les Amis des Noirs
& qui sont les ennemis des Blancs, inspirés
par une puissance toujours rivale de la France,
se cachent sous le manteau de l'humanité pour
égorger leurs frères.

Instrumens aveugles & fanatiques d'un minis-
tère jaloux, qui depuis long-tems médite en
secret l'horrible destruction des Colonies, vous
soulevez des enfans contre leurs pères, vous
osez demander au Sénat auguste de la France
qu'il bénisse les poignards dont vous armez leurs

A 3

mains. Ah ! barbares , arrêtez ; le fang que vous voulez répandre eft le fang des François.

Sourds aux cris de l'humanité , infenfibles aux gémiffemens de vos frères vous voulez dans votre frénéfie , vous voulez , infenfés , bouleverfer encore une fois le nouveau monde , en portant le fer & la flamme par-tout où règne aujourd'hui la paix. Vous voulez d'un feul coup confommer la ruine entière de votre patrie.

Un peuple paifible , heureux vous enrichit par fes travaux de productions immenfes & vous cherchez à l'égarer ; vous l'entraînez dans une guerre horrible qui va changer en un inftant la face de l'univers.

Mais non ce n'eft pas vous , François , je ne puis le croire ; c'eft l'Angleterre qui vous féduit & vous trompe. C'eft elle qui , voulant abufer de la générofité de votre caractère , vous flatte d'une efpérance folle & chimérique , pour vous précipiter dans un abîme de maux affreux.

Elle vous invite à lever dans le nouveau monde l'étendart de la liberté , & vous n'êtes pas libres vous-mêmes. Quand vous le ferez François , foyez unis ; que vous importe l'An-gleterre , que vous importe les autres Nations ; vous ferez le peuple le plus puiffant de l'univers , alors vous porterez par-tout le bonheur & la paix.

Quoi ! parce que l'Anglettetre ne peut aujour-d'hui vous faire la guerre, vous croyez à la paix générale dont elle vous leurre. Plus exercée que vous dans la politique, art profond & caché qui se couvre de forfaits, ce n'est pas la paix que cherche l'Angleterre, au moins pour vous ; elle voudroit vous voir déchirés par vos propres mains.

Habile dans ses détours, elle voudroit élever contre vous l'empire aveugle de l'opinion. Obser-vez avec quelle adresse elle dirige le ton des écrits & l'humanité des prétentions des amis des Noirs. Vous les avez vus d'abord demander la liberté des Nègres, puis les moyens de les préparer à la liberté ; aujourd'hui, ils demandent l'abo-lition de la traite. Observez comme ils semblent diminuer de leurs prétentions à mesure qu'ils voyent la Nation s'éclairer davantage sur l'im-portance des Colonies.

La traite est odieuse, disent les Amis des Noirs ; c'est un commerce infâme qui dégrade l'homme & révolte l'humanité. Amis des Noirs, ce sont vos calomnies, ce sont vos insinuations perfides & criminelles qui sont odieuses. Pour-quoi n'êtes-vous pas les Amis des François que

vous favez être efclaves à Tunis, à Alger ?
Pourquoi n'êtes-vous pas les Amis des Blancs
que vous favez être efclaves en Ruffie, en
Pologne, en Grèce, en Turquie, &c ? Amis
des Noirs, fi vous étiez réellement Amis de la
liberté, fi vous étiez réellement infpirés par
l'humanité, garderiez-vous le filence fur ce
commerce vraiement infâme que font quelques
Souverains de l'Europe, en vendant leurs fujets
au prix le plus vil, pour aller égorger leurs
femblables.

Amis des Noirs, fi vous étiez infpirés par
l'humanité, vos penfées fe porteroient-elles dans
un autre monde, fur un peuple étranger, tandis
que parmi vous des milliers de François (vos
frères) efclaves de la néceffité, font en proie
à toutes les horreurs de la mifère.

Amis des Noirs, quand des milliers de malheureux défféchés par le befoin, implorent votre
pitié vous détournez les yeux. Avez-vous vu fi
dans les campagnes, fi dans les villes, fi dans
les hopitaux vous n'aviez plus de parens à qui
donner des foins, vous n'aviez plus de miférables
à fecourir ? Quel fruit voulez-vous donc tirer
de la liberté, fi les François, fi vos frères font
les derniers à jouir de fes bienfaits ?

L'Affemblée Nationale a déclaré, dites-vous

Amis des Noirs, *que les hommes naissent libres & égaux en droits ;* oui, sans doute elle l'a déclaré ; mais que signifient ces mots ? que tous les êtres de l'espèce humaine sont hommes : c'est-à-dire qu'hommes ils naissent, hommes ils vivent, hommes ils meurent. Elle n'a dit & n'a rien voulu dire de plus.

Amis des Noirs, l'Assemblée Nationale a-t-elle déclaré que l'espèce humaine n'étoit pas formée de plusieurs races ? l'Assemblée Nationale a-t-elle déclaré que les différentes races de cette espèce avoient, dans toute l'étendue du globe, égalité de besoins, égalité de facultés ?

L'Assemblée Nationale a-t-elle déclaré que des hommes de différentes races, appellés à vivre en société, partageroient également les bénéfices de cette société quand ils concouroient inégalement à ses charges ?

L'Assemblée Nationale n'a-t-elle pas décrété que tous les hommes nés en France, vivans en France, payeroient le droit de Citoyen du prix de trois journées ? N'a-t-elle pas encore décrété que tous les Citoyens payeroient 54 livres le droit d'être Députés ? Cependant, Amis des Noirs, elle avoit déclaré que tous les hommes naissent libres & égaux en droits.

Amis des Noirs, apprenez-nous donc quels

font ces hommes nés en France, vivans en France & qui ne font pas Citoyens, quand l'Assemblée Nationale a déclaré l'égalité de droits ? Pourquoi donc cette inégalité dans la même race ? fi ces hommes dont le nombre est le plus grand, difoient aujourd'hui qu'ils veulent, d'après la déclaration de l'égalité de droits, établir aussi l'égalité de partages, Amis des Noirs, que dities vous de cette justice ? ne seroit-elle pas utilité d'humanité ? car enfin ils ont égalité de besoins, de facultés ; ils concourent également aux charges de la société ; cependant ils en font exclus & pour comble de malheurs, ils fentent que fous tous les rapports, ils font vos égaux & quelquefois même vos supérieurs en talens.

Amis des Noirs, fi vous étiez réellement inspirés par la liberté, iriez vous demander pour une race étrangère, la dernière des races, des droits qu'on refuse à vos frères ; qu'ont-ils fait pour être rejettés du fein de fa famille ? Si vous étiez réellement inspirés par la liberté, l'on vous verroit réclamer pour eux leurs droits imprefcriptibles aussi-tôt méprisés que reconnus. Ils font hommes comme vous, Amis des Noirs, Européens, François comme vous ; ils ont comme vous égalité de befoins ; ils ont comme

vous égalités de facultés ; comme vous ils habi-
tent la France & ils ne forment point de société,
les malheureux n'ont point de patrie. Encore
ſi leurs maîtres étoient forcés de les nourrir,
s'ils étoient forcés de les défendre contre tous
les beſoins, contre toutes les misères ; s'ils
étoient forcés de les diſputer à la mort; mais
non eſclaves de la néceſſité ils ſont livrés à
toutes ſes horreurs ; Et vous oſez, Amis des
Noirs, parler des Nègres quand des millions
de François, conquérans de votre liberté, ſont
remis dans les fers ; pour eux ſeuls la France
n'a point changé.

Sans conſidérer quel eſt le Nègre en lui-même,
ſans conſidérer quel eſt ſon ſort en Afrique, ſans
conſidérer la vie paiſible & heureuſe dont il jouit
dans ſa ſociété avec les François, ſans conſidérer
quelles ſont nos Colonies, quels ſont leurs rapports & leur importance, vous prétendez, Amis
des Noirs, que la déclaration des droits de l'homme entraîne celle de la liberté des Nègres
& vous oſez dicter à l'Aſſemblée Nationale le
Décret de leur liberté.

» L'Aſſemblée Nationale ne ſouffrira pas plus
» long-tems, dites-vous, l'achat & la vente
» d'aucun individu de l'eſpèce humaine ; nous
» croyons que l'on pourroit par la ſuite abolir

» entièrement l'esclavage & supprimer dès-à-
» présent la traite sans ruiner les Colonies,
puisque, comme le prouve l'exemple de plu-
» sieurs habitations, il ne faut que des soins
» & de l'humanité pour maintenir la population
» des Nègres esclaves. Enfin nous déclarons que
» nous n'avons jamais eu d'autres intentions que
» de procurer dans l'état des Noirs, des amé-
» liorations que la justice & l'humanité récla-
» ment, & qui loin de nuire à la culture des
» Colonies, ne peuvent que la favoriser & la
» faire prospérer (1).

Voilà donc, Amis des Noirs, votre profession
de foi ; on n'en peut plus douter, vous l'avez
publiée.

Mais qu'êtes-vous , amis des Noirs ? Quels
sont vos intérêts ? Que demandez-vous ? Quel
est votre but ?

François , ces questions doivent fixer toutes
votre attention ; elles portent sur le sort de la
France :

Apprenez que les amis des Noirs sont sortis
du sein de vos plus cruels ennemis ; apprenez
qu'ils entretiennent correspondance avec les Anglois.

____

(1) Journal de Paris, N°. 348—an 1789.

Vous demanderez peut-être quel eſt le caractère de leur Société , de quel droit elle
s'aſſemble ? Vous demanderez ſi elle a ſanction
de l'Aſſemblée Nationale, ou du Roi ? Non
certes ; elle n'eſt donc qu'un attroupement
qui pour n'être pas ſur les places publiques
n'en eſt que plus dangereux.

Quels ſont leurs intérêts ? Ils les couvrent du
manteau de l'humanité. . . .

Que demandent-ils ? L'abolition de la traite ?
Non François , liſez bien leur profeſſion de
foi ; profeſſion qui n'eſt pas auſſi ſimple qu'elle
le paroît.

Pourquoi ſi les amis des Noirs ne demandent
que l'abolition de la traite, s'expriment-ils d'a-
bord en ces termes ; *l'Aſſemblée Nationale ne
ſouffrira pas plus long-temps la vente & l'achat
d'aucun individu de l'eſpèce humaine.*

Croyez-vous, François, qu'après un tel Décret
les Nègres ne ſeroient pas libres ; car qui pourroit , dans nos Colonies , vendre ou acheter

---

(1) Si l'Aſſemblée Nationale oſoit décréter l'abolition
de la traite , à l'inſtant, la ſciſſion des Colonies ſeroit
opérée , ſans que rien pût l'empêcher. Les Colons agités

un Nègre. Ce Décret n'auroit d'action que pour elles ; puisque les autres Nations , les Despotes d'Afrique ne feroient pas arrêtés par les avis des Amis des Noirs , ni par les Décrets de l'Assemblée Nationale.

Vous voyez , François , le piège que vous tendent les Amis des Noirs. C'est après avoir proposé le projet de Décret pour la liberté des Nègres qu'ils disent bonnement , *nous croyons que l'on pourroit par la suite abolir entièrement l'esclavage & supprimer dès-à-présent la traite sans ruiner les Colonies.*

Sur quel fondement porte la croyance des Amis des Noirs ? sur ce qu'il est possible de maintenir la population des Nègres. Mais , François, il n'est pas seulement question de maintenir cette population ; il faut encore l'augmenter ; car s'il est prouvé qu'on peut la main-

---

depuis six mois entre les sentimens qui les attachent à leur patrie & les calculs de l'intérêt , n'auroient plus à balancer. L'inquiétude n'a déjà que trop affoibli leurs affections pour la France, & peut-être les Amis des Noirs servent , dans ce moment, beaucoup plus qu'ils ne l'imaginent , la fortune & les vœux sécrets des Blancs dont ils semblent être les ennemis.

tenir, il eſt prouvé davantage qu'il n'y a pas une habitation dans nos Colonies qui ait le nombre de Nègres qu'elle peut employer à ſa culture. Or eſt-ce en aboliſſant la traite que la population pourra augmenter & pourra-t-elle ceſſer d'augmenter ſans nuire aux Colonies ? Non ſans doute.

Quel eſt le but de la ſociété des amis des Noirs ? *D'améliorer la condition des Nègres ?*

Qui de vous, amis des Noirs, a vu les Colonies ? qui de vous a examiné leurs cultures, leurs manufactures ? qui de vous à réfléchi ſur l'importance des denrées qu'elles produiſent, ſur l'étendue des avantages qu'elles aſſurent à la France ? Qui de vous à étudié le caractère de l'homme Nègre ? Qui de vous connoît les rapports & les biens de ſa ſociété avec les blancs ? qui de vous connoît ſa condition actuelle ? Quoi ! vous oſez pour améliorer ſon ſort, propoſer d'abolir la Traite.

Lorſque le nombre des Nègres ne pourra plus s'accroître la ſomme du travail aura-t-elle diminué ? Cette ſomme ne reſtera-t-elle pas toujours la même ? Le ſeul moyen d'en alléger le fardeau, n'eſt-il pas d'augmenter le nombre de ceux qui le portent ? Et vous oſez dire qu'en aboliſſant la Traite, vous croyez améliorer le fort du Nègre , & vous voulez persuader qu'en diminuant le nombre des cultivateurs, vous favoriserez la culture des Colonies & les moyens de les faire prospérer. Mais peut-il y avoir d'autres moyens que les bras des Noirs, & l'activité des Blancs ?

Amis des Noirs, si les Nègres pouvoient se faire entendre, ils vous demanderoient au nom de l'humanité, de les enlever des contrées barbares qui les ont vu naître (1). S'ils pouvoient

____

(1) Les premiers Historiens qui ont écrit sur l'Afrique apprennent que tous les peuples de cette terre barbare étoient presque toujours en guerre, qu'ils mangeoient leurs ennemis ou qu'ils les faisoient mourir dans des supplices affreux. Depuis que les Européens ont acheté les Nègres pour leur faire cultiver les Colonies, les peuples d'Afrique ont cessé de manger leurs prisonniers, ils ont cessé de leur donner la mort ; ces malheureux sont devenus l'objet de leurs soins & l'intérêt a veillé à leur vie, à leur santé.

Si l'on abolissoit aujourd'hui la traite, qu'on se garde de croire que les peuples d'Afrique resteroient en paix ; ils se feroient la guerre comme autrefois, ils mangeroient ou ils tueroient leurs prisonniers. La traite est donc un bien pour les Nègres ; l'espoir de les vendre avantageusement fait que les Despotes cherchent moins à affoiblir leurs ennemis en en diminuant le nombre par la mort, qu'en les faisant captifs.

se faire entendre, ils vous demanderoient de les conserver à leurs Maîtres & d'appeller leurs frères à partager leurs peines & leurs plaisirs.

François, considérez le Nègre en Affrique; il y est le plus malheureux de tous les hommes. Ses biens, sa personne, sa vie sont sans cesse le jouet des tyrans qui le commandent. Sauvage & vagabond, il ne peut échapper à la barbarie de ses Chefs; & quand vous lui prêtez un bras secourable pour l'enlever à l'inertie, aux tourmens, à la mort, on ose vous accuser d'inhumanité. Quand vous appellez cet homme à votre société, quand vous vous chargez de pourvoir à tous ses besoins, quand vous vous livrez à tous les soins de son éducation, enfin quand vous lui créez une ame, on voudroit persuader que vous êtes méchants. Quand.le Nègre pour prix de vos sentimens, pour prix de vos bienfaits, vous rend par son travail le peuple le plus riche & le plus puissant de l'Univers, l'Angleterre, jalouse de votre prospérité, veut soulever par

---

Si l'on compare l'état de domesticité des Nègres dans les Colonies, avec l'esclavage des Despotes d'Afrique, l'on verra que l'humanité doit se joindre à la politique pour dépeupler, s'il est possible, cette terre barbare.

ſes calomnies toutes les Nations contre vous.

Non , François , vous n'abolirez point la Traite , vous la ferez pour le bonheur du Nègre , pour le bopheur de ſa poſtérité. Vous annoblirez ce Commerce , en lui donnant l'humanité pour principe. Enlevez , s'il ſe peut , tous les Nègres de l'Affrique , & que cette terre barbare (l'empire de la férocité) abandonnée déſormais de l'eſpèce humaine , ne ſerve plus que de repaire aux lions & aux tigres.

François , l'humanité n'eſt que le prétexte des inſinuations de l'Angleterre; ſon exiſtence politique fait ſeule l'objet de tous ſes ſoins, de toutes ſes inquiétudes. Elle voudroit élever une barrière entre les François d'Europe & les François du nouveau monde. Elle voudroit au prix de ſes Colonies vous faire perdre les vôtres. Maîtreſſe de l'Inde , maîtreſſe de l'Affrique , elle deviendroit , ſans que vous puſſiez l'en empêcher , ſouveraine de toutes les Mers ; toutes les Nations ſeroient ſes Tribulaires & la France plus qu'aucune autre.

Calculez bien ce que l'Angleterre , ce que la France peuvent perdre dans l'abolition de la Traite , dans l'affranchiſſement des Nègres des Iſles. Le revenus de toutes les Colonies An-

gloifes , en Amérique, ne monte qu'à 60 millions (1) & il eft démontré qu'il ne peut plus
augmenter (2).

Le revenu des Colonies françoifes eft aujour-
d'hui de plus de 220 millions ; on eft certain
qu'avant cinq ans , il s'élevera à 300 millions
& il pourra s'accroître encore chaque année.

Dans la fciffion dés Colonies , l'Angleterre
deviendroit maîtreffe de tout ce revenu , ou au
moins le partageroit. Dans leur deftruction, elle
ne perdroit que 60 millions , qu'elle retrouveroit
bientôt dans fon Commerce de l'Inde & dans
les établiffement qu'elle pourroit faire en Affrique. Mais où la France trouveroit-elle un re-

---

(1) La fomme des denrées que produifent toutes
les Colonies Angloifes ne fe monte qu'à 60 millions,
cependant l'Angleterre en reçoit 80, parce que la
fraude en enlève 20 millions de nos Ifles , qui tournent
à fon avantage.

(1) C'eft parce que la culture des habitations des
Colonies Angloifes ne peut plus augmenter quelles
peuvent fe paffer de la traite ; la population peut s'y
maintenir ; mais il n'en eft pas de même dans nos Colonies
où les cultures peuvent encore augmenter pendant
longues années, & où l'on ne peut améliorer le fort des
Nègres qui les cultivent, qu'en enaugmentant le nombre
par la traite.

venu de 300 millions ? Où la France trouve-roit-elle des confommateurs. pour 120 millions de fes denrées qu'elle porte dans fes Colonies ? Enfin, quel feroit le Commerce qu'elle pourroit faire ? Où pourroit - elle en faire & avec qui ?

Si la France aujourd'hui fe plaint avec raifon de la ftagnation du Commerce, ce n'eft pas feulement aux circonftances actuelles qu'on doit en attribuer la caufe ; mais bien au Traité fait avec le cour de Londres : Traité qui opère la ruine de toutes nos manufactures.

Prefque toutes les denrées que la France met en échange avec l'Angleterre, font des pro-ductions territoriales de première néceffité ; tou-tes celles qu'elle reçoit font des denrées de ma-nufacture qui tiennent aux befoins de luxe. Dans cet échange, la France donne des den-rées de valeur réelle, pour celles de valeur ar-bitraire. Elle donne le néceffaire pour fe pro-curer le fuperflu, & cettes cet échange n'eft pas égal. Auffi conduira - t - il la France à fa ruine, s'il dure encore long-temps.

Si la confommation des denrées de l'An-gleterre fe fût bornée à la France, le mal qu'a produit le Traité de Commerce feroit moins grand ; mais comme prefque toutes fes denrées font plus belles & moins chères que les nôtres, elles font préférées dans nos Colonies : d'où il arrive que c'eſt l'Angleterre qui les approviſionne, c'eſt elle qui fait réellement, en grande partie, le Commerce de nos Iſles.

Que ſeroit-ce donc, François, ſi les amis des Noirs opéroient par leurs perfides inſinuations la ſciſſion des Colonies. La France ſeroit perdue ; ils auroient rempli les vœux de l'Angleterre.

Leur ſociété ne paroît donc qu'un bureau du miniſtère Anglois où ſe forgent les calomnies les plus odieuſes contre les Colons & les projets les plus criminels contre les intérêts de la France.

Tous les moyens leurs ſont égaux, pourvu qu'ils arrivent au but que leur propoſe l'Angleterre.

Voyez avec quelle impudence ils ont oſé préſenter les Sang-mêlés à l'Aſſemblée Nationale, & au Roi. Voyez comme ces impoſteurs ont voulu ſurprendre l'auguſte Sénat de la France, en lui offrant 6 millions en contribution patriotique, comme quart de leur revenu, ſi l'Aſſemblée vouloit leur accorder une députation. Eh bien ! François, le croiriez-vous ?

Le capital de tous les biens des Sang-mêlés ne se monte pas à dix millions & ils les doivent aux bienfaits de leurs pères. Enfin, le croiriez-vous? ils ont l'impudence de propofer aux Repréfentàns de la Nation d'afleoir près d'eux, dans le Sanctuaire des Loix, des bâtards éxilés de leur Pt rie, des valets chaffés de chez leurs maîtres.

Que faites-vous, Sang-mêlés, enfans de l'amour, objets trop chéris de vos pères, vous vous armez contre le Dieu qui vous donna le jour; vous vous armez contre les hommes dont la tendreffe s'eft épuifée dans les careffes de votre enfance, dans les foins de votre jeuneffe, par les dons de la fortune & de la liberté. Fils ingrats ! Que demandez-vous qu'ils ne vous ayent point accordé ? Vous voulez, infenfés, que l'Affemblée Nationale difpute au Souverain des Cieux la puiffance de changer votre couleur. Eh vous ! Miniftre des Autels, (1)

---

(1) Le premier devoir pour faire le bien, eft d'être inftruit de l'état de celui qu'on oblige & des moyens qu'on doit prendre pour lui être utile, & M. l'Abbé Grégoire en prêtant fa plume aux Sang-mêlés, en devenant leur organe auprès du public, n'a confulté que fon cœur & n'a pas penfé à fe mettre en garde contre l'impofture de fes Cliens.

qui mêlez l'ignorance au menſouge, croyez-
vous qu'un faux zèle vous anime pour des en-
fants rebelles plus que tous les ſentiments de la
Nature n'ont animé leurs pères?

François, ſi vos cœurs attendris s'intéreſſent
réellement au ſort du Nègre , gardez-vous de
changer ſa condition actuelle; pour lui la liberté ne ſeroit pas un bien ; il a beſoin de
Tuteurs pendant toute ſa vie qui n'eſt qu'une
longue enfance. Le Nègre forme, dans l'eſpèce
humaine, une race bien diſtincte dont les facultés intellectuelles ne s'élevent jamais au-deſſus
de l'âge de 12 à 15 ans : envain prétendriez-vous
modifier la nature par des Décrets ; le Nègre eſt
homme ſans doute, m is il ne l'eſt pas comme
vous & ſa manière de l'être l'attache pour jamais
à l'enfance. Vous ne pouvez le changer que par
la ſociété des Blancs & dans ſa poſtérité la plus
reculeé.

François , que diriez - vous ſi , confondant
toutes les variétés d'une eſpèce de plante (de
la vigne par exemple), l'Habitant de nos Pro-
vinces du Nord ſollicitoit un Décret de l'Aſſemblée Nationale pour que le raiſin cultivé
dans ſon champ produiſît un Vin tel que
celui de Chypre & de Madère ? C'eſt cependant

un tel Décret que sollicitent les amis des Noirs.

François, assurez l'aisance du Colon, faites que le Nègre mange beaucoup & qu'il danse souvent, vous aurez fait tout pour son bonheur ; vous aurez fait tout pour la prospérité des Colonies.

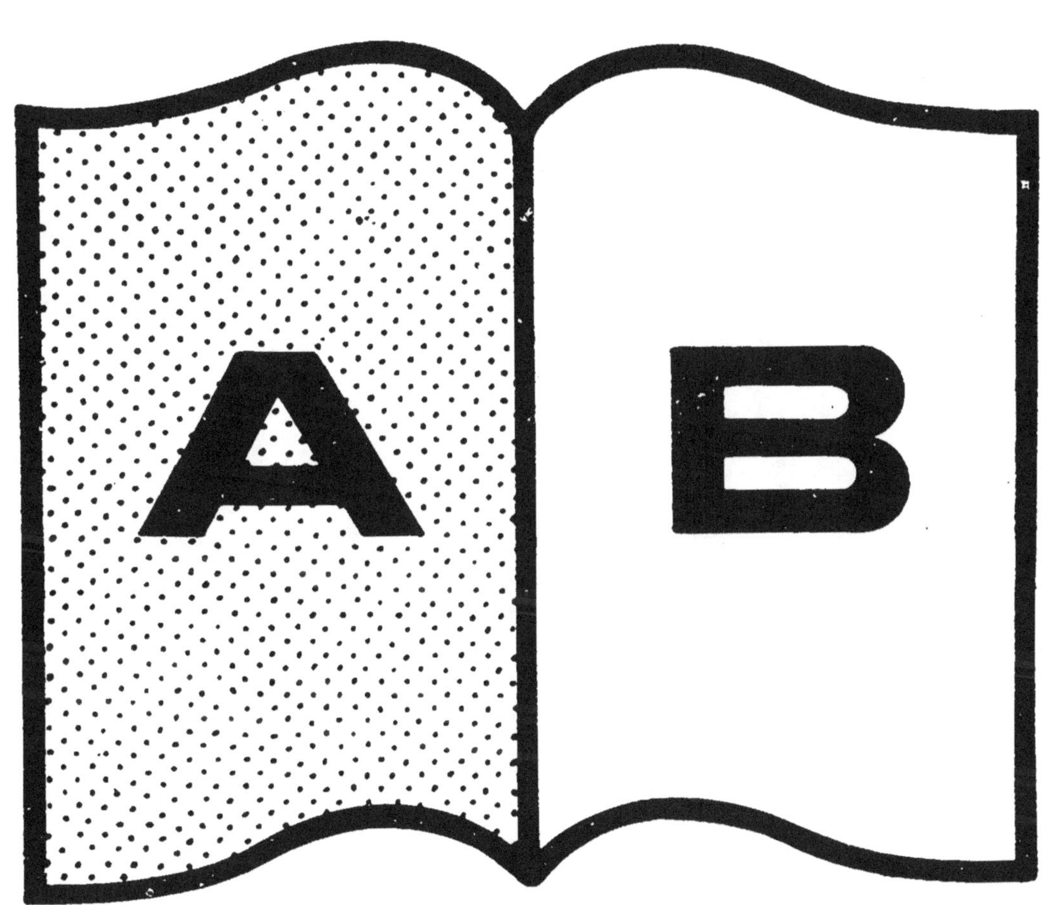
A
B